GUIDE

DE

L'AMATEUR DE PHOTOGRAPHIE

OU

EXPOSÉ

de la marche à suivre dans l'emploi

DU

DAGUERRÉOTYPE

et des

PAPIERS PHOTOGRAPHIQUES ;

PAR J.-F. SOLEIL.

PARIS

CHEZ L'AUTEUR, OPTICIEN,

35, rue de l'Odéon,

ET CHEZ LES PRINCIPAUX LIBRAIRES.

GUIDE

DE

L'AMATEUR DE PHOTOGRAPHIE

OU

EXPOSÉ

de la marche à suivre dans l'emploi

DU

DAGUERRÉOTYPE

et des

PAPIERS PHOTOGRAPHIQUES,

PAR J.-F. SOLEIL.

PARIS

CHEZ L'AUTEUR, OPTICIEN,

35, rue de l'Odéon,

ET CHEZ LES PRINCIPAUX LIBRAIRES.

On trouve chez l'Auteur tous les objets
dont il est fait mention dans cet opuscule,
et notamment des Daguerréotypes com-
plets et portatifs.

Imprimerie de Félix LOCQUIN et Comp.,
rue Notre-Dame-des-Victoires, 16.

GUIDE

DE

L'AMATEUR DE PHOTOGRAPHIE.

Les procédés *photographiques* imaginés par M. Daguerre ont acquis dans ses mains un dégré de perfection qui n'a permis jusqu'ici à ceux qui se sont occupés de cette admirable invention, que d'en rendre l'exécution plus facile et plus prompte.

Sous ce rapport, des modifications très heureuses ont été introduites par M. le baron Séguier dans la forme des appareils, dont le volume a été considérablement diminué, ainsi que dans la préparation des plaques.

M. Daguerre lui-même a perfectionné le mode d'*iodage*, et, par la substitution du tripoli à la pierre ponce, il a fourni aux amateurs le moyen d'avoir des plaques mieux polies, et par suite de plus belles épreuves.

Nous croyons, de notre côté, avoir rendu quelque service en remplaçant le procédé ordinaire d'application du mercure par celui dont M. Arago a bien voulu rendre compte à l'Académie des sciences dans la séance du 2 mars dernier.

Obligé par état de me livrer d'une manière suivie à la fabrication et à l'emploi des appareils *photographiques*, j'ai pu, dans les nombreux essais auxquels je me suis livré depuis plus de huit mois, reconnaître ce qu'il est permis de modifier dans les prescriptions indiquées par le célèbre inventeur du nouvel art qui nous occupe.

D'ailleurs, les rapports que ma profession m'a mis à même d'avoir avec un grand nombre de savants et d'amateurs m'ont fourni l'occasion de mettre à profit les observations qu'ils avaient été à portée de faire sur ce sujet.

Ces courtes réflexions suffiront, je l'espère, pour me justifier aux yeux du public de l'espèce de témérité qu'il peut y avoir à publier après M. Daguerre une description des procédés à suivre pour obtenir à coup sûr de beaux résultats.

Paris, 30 avril 1840.

Soleil,

Opticien, rue de l'Odéon, 55.

—

Les dessins photogéniques peuvent être obtenus sur le cuivre, couvert d'une lame de plaqué d'argent, d'après la méthode de M. Daguerre, ou sur le papier préparé conformément aux indications fournies par les divers physiciens qui se sont occupés de ce sujet intéressant.

Nous allons examiner successivement ces deux procédés, et nous étudierons ensuite les diverses circonstances qui peuvent exercer quelque influence sur la réussite de l'expérience.

CHAPITRE Ier.

ÉPREUVES SUR PLAQUÉ D'ARGENT.

L'opération se compose de sept temps, savoir : le *polissage*, *l'application de l'iode*, la *mise à la chambre noire*, *l'application du mercure*, le *lavage à l'hyposulfite de soude*, le *lavage à l'eau*, et enfin la *fixation du dessin*.

§ 1. *Polissage de la plaque.*

Le but que l'on se propose en polissant la plaque est d'avoir une couche superficielle excessivement mince d'argent fin exempt de tout alliage de cuivre.

Or, on sait que le plaqué fixé sur la lame de cuivre est formé lui-même d'un alliage de cuivre et d'argent, dont le titre, c'est à dire la proportion réelle d'argent, est plus ou moins élevé.

On sait aussi qu'en traitant cet alliage de cuivre et d'argent par l'acide nitrique étendu d'eau, employé en proportion insuffisante pour dissoudre l'un et l'autre métal, l'argent ne sera pas attaqué tant qu'il restera du cuivre non dissous.

D'après cela, après avoir placé sa plaque sur une feuille de papier blanc, on y répand une bonne pincée de tripoli, et on y fait tomber de l'acide nitrique ordinaire, mêlé d'avance avec seize fois son poids d'eau commune. La quantité d'eau acidulée qu'on versera sur la plaque sera telle, qu'elle forme avec la poudre de tripoli une bouillie extrêmement claire : alors on étend ce mélange, et on le promène en tout sens à l'aide d'un tampon de coton cardé, assez gros pour que les doigts n'arrivent jamais au contact avec le métal. Bientôt la plaque en est uniformément couverte, et peu à peu elle se sèche et devient brillante : vue très obliquement, elle offre alors une teinte blanche fort légère,

Il est rarement utile de réitérer l'opération que nous venons de décrire. M. le baron Séguier a présenté à l'Académie (1) des épreuves magnifiques obtenues après un seul *dérochage*, et sans l'opération du chauffage de la plaque, recommandée dans le principe par M. Daguerre, mais dont l'utilité est, d'après cela, plus que contestable, aussi bien que celle du polissage à l'huile. Quoi qu'il en soit, il sera bon, après l'emploi de l'eau acidulée, de répandre un peu de tripoli sur la plaque, et d'y promener à sec un tampon de coton bien propre; mais il ne faut pas oublier que cette dernière partie de l'opération doit être faite en conduisant le coton avec la plus grande légèreté. *Sans cette précaution, on enlèverait par le frottement la couche superficielle d'argent fin résultant de l'action de l'acide sur le plaqué, et l'expérience serait manquée.* Si nous insistons sur ce

(1) *Comptes rendus de l'Académie des Sciences,* séance du 9 mars 1840.

point, c'est que nous avons vu des personnes très habiles échouer pendant fort longtemps, par cela seul qu'elles avaient exercé un frottement trop prolongé et trop dur avec le tripoli après l'emploi de l'eau acidulée. M. Daguerre a d'ailleurs fait cette recommandation, et il l'a renouvelée à l'occasion de l'annonce de la substitution du tripoli à la pierre ponce, dont il faisait précédemment usage (1).

Tout le monde n'est pas d'accord sur le sens dans lequel le frottement doit être effectué : M. Daguerre conseille de promener les doigts en décrivant des cercles d'un petit rayon, lesquels, empiétant l'un sur l'autre, finissent par donner à la plaque, lorsqu'elle est encore humide, l'apparence de certains ouvrages d'acier ou de fer damassé.

Nous croyons avoir remarqué qu'il y a plus d'avantage à conduire son tampon de coton directement de droite à gauche, et

(1) *Comptes rendus des séances de l'Académie des Sc.*, 21 octobre 1839.

de gauche à droite, mais de telle façon, que les lignes du poli soient parallèles à la direction des yeux qui regarderont l'image qu'on veut obtenir; ainsi, le dessin doit-il être disposé suivant la largeur de la plaque, les lignes de poli le seront suivant la longueur, et réciproquement.

Cette manière de faire paraît plus propre à donner de la vigueur aux épreuves: il en est de même d'un poli brillant.

Enfin nous recommandons d'éviter avec soin de poser les doigts sur les plaques: la transpiration dont ils sont toujours imprégnés, est chargée de principes acides et salins, qui ne manquent jamais d'attaquer le plaqué dans toute son épaisseur, si l'on n'a pas la précaution de l'essuyer immédiatement.

Toutefois, il ne faudrait pas rejeter comme hors de service, une plaque, qui offrirait quelques taches; pour l'utiliser, on pourrait disposer une vue, dans laquelle la tache répondrait à une partie fortement

ombrée : cette disposition est surtout facile à effectuer dans ce qu'on appelle des
intérieurs; on marque sur la glace dépolie
de la chambre noire, le point, qui corres-
pond à la tache, et on arrange ses plâtres,
de la manière qui convient au but que l'on
se propose d'atteindre.

Ayant de quitter ce sujet, nous dirons
un mot sur le *tripoli :* on sait que l'on dé-
signe, sous ce nom, des substances d'un
grain fin, d'apparence argileuse, sèches
au toucher, et ne faisant point pâte avec
l'eau : elles sont composées en presque totalité de silice : leur teinte est rougeâtre ou
rosée; il y en a de plusieurs origines; celui
de *Corfou*, plus connu sous la dénomina-
tion de *tripoli de Venise*, a été proposé
par M. Daguerre (1) comme pouvant être
substitué avec avantage à la pierre ponce :
à défaut de ce tripoli, on pourrait employer l'espèce appelée *terre pourrie des*

(1) *Comptes rendus des séances de l'Académie des Sc.*,
21 octobre 1839.

Anglais, ainsi que la *terre de Ringelbach*, près d'Oberstein, laquelle sert à polir les agates qu'on trouve dans cette localité.

M. Daguerre conseille de diviser le tripoli brut en petits morceaux afin d'en extraire les parties les plus colorées, dont la dureté est supérieure à celle du reste de là masse : puis, on pulvérise dans un mortier de marbre ; on calcine ensuite la poudre obtenue, dans un creuset, à une très forte chaleur : on finit par la broyer à sec sur une table de marbre ou de glace, avec une molette de même nature.

Ces différentes manipulations ne sont pas toujours faciles à exécuter, tant par le manque d'habitude de l'opérateur, que par le défaut d'instruments : d'ailleurs, elles font perdre un temps considérable : nous pensons qu'on arrivera aisément à un résultat plus satisfaisant, en faisant subir un simple lavage au tripoli en poudre, que l'on trouve chez tous les marchands de couleurs.

Pour cela, on en introduit environ 500 grammes avec de l'eau filtrée, dans une carafe ordinaire; on agite fortement le mélange pendant deux ou trois minutes; on laisse ensuite reposer pendant cinq minutes, et l'on verse doucement le liquide encore trouble dans un vase bien propre et suffisamment profond, une cuvette par exemple : on cesse de verser, quand on est arrivé au dépôt formé dans la carafe : ce dépôt doit être rejeté comme inutile.

Le liquide reçu dans la cuvette est abandonné au repos, jusqu'à ce qu'il soit devenu limpide, ce qui exige environ une journée; on le fait alors écouler avec précaution, et l'on assujettit le vase dans une position inclinée, afin de permettre au dépôt de bien égoutter.

Quand il est à peu près sec, on l'écrase dans un mortier, ou sur une assiette, à l'aide d'un verre dont le fond est bien uni, puis on le répand sur du papier blanc reployé plusieurs fois sur lui-même, et on le fait sécher au soleil ou auprès du feu.

On comprend, sans qu'il soit nécessaire de l'expliquer avec détails, que par ce lavage, les parties les plus grossières du tripoli se séparent complètement, leur masse leur permettant de se déposer dans la carafe, aussitôt après qu'on a cessé d'agiter celle-ci.

Il est cependant bon que l'on sache que le tripoli le plus fin du commerce doit y perdre au moins la moitié de son poids ; ainsi, en opérant sur 500 grammes, on ne retirera guère que 225 à 250 grammes de tripoli propre au polissage des plaques.

§ II. *Iodage.*

La modification importante introduite par M. Daguerre (1) dans l'application de l'iode, jointe à la disposition indiquée par M. le baron Séguier pour la construction

(1) *Comptes rendus des séances de l'Académie des Sc.*, 23 décembre 1839.

de la boîte à iode, ont rendu cette partie de l'opération plus rapide et plus sûre.

La boîte, dont nous venons de parler, est celle que nous employons : le fond en est occupé par de l'iode en petits fragments, sur lequel est placé un morceau de coton cardé; sur ce coton, repose une planchette, dont chaque face a été couverte d'une feuille de carton mince; comme, à chaque opération, on retourne la planchette, chaque feuille de carton est en contact, à son tour, avec l'iode, et s'en imprègne complètement : par dessus la planchette est une lame de verre de la même grandeur que la boîte; enfin cette lame est maintenue par deux cadres mobiles, qui occupent l'intervalle compris entre elle et le couvercle.

La plaque étant polie est assujettie, à l'aide de bandes de plaqué, sur une tablette destinée à la recevoir; on enlève alors les cadres de la boîte à iode, on retire la lame de verre et on retourne la planchette, de manière à mettre en dessus la face qui touchait le carton iodé ; on replace les cadres, et par dessus on pose la tablette qui porte la plaque , celle-ci regardant le carton iodé ; après une minute environ , on retourne la tablette pour voir si la plaque a pris une *teinte jaune d'or* bien uniforme.

On devine aisément que le temps nécessaire pour amener la plaque à la teinte *jaune d'or* est d'autant moindre que la température est plus élevée : voilà pourquoi nous conseillons de retourner fréquemment la tablette qui porte la plaque, non seulement pour ne pas dépasser la nuance indiquée, mais encore pour s'assurer si la couche d'iode se répand d'une manière uniforme sur toute la surface, ou, en d'autres termes , si la teinte est bien égale partoùt ; dans le cas où il en serait autrement, il faudrait, avant de replacer la plaque, la retourner de façon à mettre les parties moins chargées d'iode en regard de la portion du carton qui correspondait précédemment à celles qui en sont le plus chargées, et réciproquement.

Pour apprécier la nuance que la vapeur d'iode fait prendre à l'argent, on a conseillé d'avoir une lame de laiton polie que l'on regarde à côté de la plaque en expérience ; nous préférons nous servir d'un morceau de plaqué , par la raison que l'œil saisit beaucoup plus fidèlement les différences de nuances que les ressemblances ; et, afin d'arriver à une plus grande exactitude , nous avons coutume de fixer, contre un mur bien éclairé , une feuille de papier blanc , et d'en regarder l'image sur nos deux plaques à la fois ; mais cette manière d'opérer suppose que l'on peut disposer d'un local obscur où l'on se retire pour examiner ses plaques. Quand on est en rase campagne , on s'enferme sous la tente du pied de l'instrument, et on se borne à comparer l'une à l'autre les deux plaques, à l'aide de la lumière qui passe à travers les mailles du tissu.

Il arrive quelquefois de dépasser le but : la teinte jaune d'or est remplacée par une couleur bleue tirant sur le violet : M. Daguerre est d'avis qu'il faut, dans ce cas, recommencer le polissage de la plaque : nous avons pourtant réussi à utiliser des plaques iodées au violet, en les laissant, à la chambre noire, plus de temps que ne le comportent l'heure et la saison auxquelles on opère. On peut encore arriver au même résultat, en exposant la plaque au soleil pendant quelques secondes, et l'essuyant, dans l'obscurité, avec un tampon de coton neuf ; par ce moyen, on enlève une première couche d'iode, et on met à nu la couche dorée qu'elle masquait : cette observation est due à M. le docteur Donné, auquel nous allons emprunter les principaux détails de l'explication théorique de l'opération que nous venons de décrire.

La vapeur d'iode, suivant M. Donné (1),

(1) *Comptes rendus des séances de l'Académie des Sc.,* 16 septembre 1839.

se fixe sur l'argent et y adhère avec éner-
gie ; aussi le frottement du doigt est-il
alors impuissant à en opérer la séparation ;
sous l'influence de la lumière, toute adhérence cesse entre l'iode, ou plus vraisem-
blablement, entre la couche mince d'iodure d'argent formé et le métal sous-ja-
cent ; alors, en effet, le moindre attouche-
ment enlève cette couche superficielle
d'iodure métallique.

Après que la plaque iodée a séjourné un
temps suffisant dans la chambre obscure,
il est facile de prévoir ce qui aura lieu :
dans les parties éclairées, l'iode aura perdu
l'adhérence qui sera, au contraire, con-
servée dans les parties obscures ; la vapeur
de mercure, à laquelle la plaque sera ex-
posée au sortir de la chambre noire, *ba-
layera*, pour ainsi dire, les portions d'iode
qui auront subi l'action de la lumière, et
s'attachera, sous forme de globules, sur le
métal mis à nu ; tandis que celui-ci sera
protégé dans les points, où l'adhésion de

l'iode n'aura éprouvé aucune diminution ; le lavage à l'hyposulfite de soude a pour but de dissoudre cet iode adhérent, et de laisser l'argent à découvert.

Nous reviendrons plus tard sur ces phénomènes ; qu'il nous suffise d'établir ici en principe, et comme conséquence de la théorie, que la plaque ne peut pas être iodée à l'avance, parce que l'action chimique, qui se manifeste en quelques minutes, sous l'influence de la radiation atmosphérique, se produit également, mais avec lenteur, dans l'obscurité : par la même raison, l'application du mercure devra toujours être exécutée aussitôt après que la plaque aura été extraite de la chambre obscure.

§ III. *Mise à la chambre noire.*

Cette partie de l'opération ne présente aucune difficulté ; il faut d'abord mettre *au foyer* les objets que l'on veut reproduire sur la plaque ; mais on sait que, lorsque ces objets sont placés sur des plans très différents les uns des autres , leur image va se former à des distances fort inégales derrière la lentille : ces distances diminuent à mesure que l'éloignement des objets va en augmentant; elles augmentent dans les conditions opposées. Il est donc de toute impossibilité d'obtenir une image également nette de tout ce qui se peint sur la glace dépolie de la chambre noire, lorsque la perspective est un peu étendue; dans ce cas, on s'attache à obtenir de la netteté dans les parties les plus importantes du tableau ; telle est, par exemple, la façade d'un monument à laquelle on sacrifie tout ce qui est situé plus en avant. Dans les tableaux dits *d'intérieur* , cet inconvénient existe à peine , parce que les objets sont disposés à peu près sur le même plan.

Lorsque l'image est *au point* , c'est à dire quand les contours des principales parties du tableau sont bien arrêtés , on fixe la chambre noire avec la vis de pression, afin de prévenir tout déplacement; on enlève la glace dépolie, et on met à sa place le châssis fermé qui porte la plaque iodée; on ôte l'écran pour découvrir celle-ci, et, après que l'exposition a été convenablement prolongée, on le remet avant d'enlever le châssis.

Nous nous occuperons, en traitant des précautions générales, des particularités relatives à la durée de l'exposition et aux autres conditions qui se rattachent à l'emploi de la chambre noire.

§ IV. *Application du mercure.*

Ainsi que nous nous sommes empressé de le déclarer dans la note que nous avons soumise au jugement de l'Académie (1), le procédé indiqué par M. Daguerre, pour l'application du mercure, présente, sans contredit, toutes les garanties désirables,

(1) *Comptes rendus, etc.*, séance du 2 mars 1840.

en ce qui regarde la production de belles
épreuves. Mais, plusieurs inconvénients
sont inhérents à l'emploi d'un métal liquide : ainsi, le transport en est plus difficile; la quantité nécessaire à l'opération
n'est pas moindre d'un kilogramme; le
flacon qui le renferme peut se casser, et,
dans ce cas, le métal s'infiltre dans toutes
les parties de l'appareil; le thermomètre,
indispensable pour connaître la température de la masse liquide, se brise par les
moindres chocs, dans les transports, ou
par l'excès de chaleur, dans le cours de
l'opération, et il est trop souvent impossible de remédier à cet accident; enfin, et
tous ceux qui ont mis en pratique les procédés de M. Daguerre le reconnaîtront
avec moi, je l'espère, le plus grand inconvénient que présente le mercure liquide,
c'est la facilité avec laquelle il se dissémine
constamment sous forme de globules im-
perceptibles, adhère aux doigts de l'opérateur sur la table où l'on polit, et finit par

tacher les plaques, de manière à entraîner la perte de plusieurs heures de travail.

Après plusieurs essais, je me suis arrêté au procédé qui suit :

On fait dissoudre, à une douce chaleur, une pièce de monnaie d'argent dans de l'acide nitrique, étendu de trois fois son volume d'eau; quand la dissolution est opérée, on y place un morceau de cuivre bien décapé; le fil de cuivre du commerce convient très bien pour cette opération; peu à peu l'argent se sépare du liquide et s'attache sur le cuivre, sous forme d'une poudre cristalline d'un blanc légèrement grisâtre; en même temps, la liqueur prend une teinte bleue, par suite de la dissolution du cuivre, qui se substitue à l'argent; de temps en temps on détache ce dernier à l'aide de légères secousses. Lorsque le cuivre ne se couvre plus d'argent, on le retire, on fait écouler le liquide, et on lave le dépôt à plusieurs reprises avec de l'eau filtrée; enfin, on le reçoit sur du papier non collé, et on le laisse sécher : une fois sec, on en pèse une quantité quelconque que l'on mêle, à froid, avec cinq fois le même poids de mercure distillé : la combinaison s'opère immédiatement, et l'amalgame qui en résulte est de consistance pâteuse. On le conserve dans un flacon bouché à l'émeri.

Pour l'usage on y plonge une petite spatule d'argent, qui retient assez d'amalgame pour servir à frotter légèrement un disque de même métal.

Ce disque, amalgamé dans l'étendue d'une pièce de cinquante centimes, est placé au fond de la boîte à mercure, qui, pour le recevoir, est légèrement embouti dans son milieu en forme de capsule.

La planchette, qui porte la plaque, étant mise en place, on chauffe doucement le fond de la boîte, dans le lieu correspondant au disque d'argent.

La lampe, que nous avons adoptée, n'a qu'une très petite mèche, formée de trois à quatre brins de coton : on aura soin de ne la tirer qu'autant qu'il est nécessaire, pour que la flamme se termine à deux centimètres environ de la capsule, afin que la chaleur se maintienne toujours peu élevée.

En découvrant, de temps à autre, le verre qui ferme la paroi intérieure de la boîte, on suit les progrès de l'opération; elle doit être continuée jusqu'à ce que l'épreuve paraisse suffisamment nette.

Quelques personnes pourraient regretter, en suivant le procédé que nous venons de décrire, de ne plus avoir le guide qu'elles espéraient trouver dans le thermomètre de la boîte à mercure de M. Daguerre; mais il nous suffira, pour les rassurer, de dire que la limite de 60°, assignée par le célèbre inventeur de la photographie, n'est pas tellement rigoureuse, qu'il faille s'y arrêter sous peine de ne pas réussir. Nous avons vu souvent des épreuves très médiocres acquérir une grande vigueur par l'application d'une chaleur plus intense; d'un autre côté, nous savons que M. le baron Séguier, dont le nom fait autorité en pareille matière, a, plus d'une fois, obtenu le même résultat en réitérant l'application du mercure.

Quant au choix du disque et de l'amalgame d'argent, il est fondé sur ce que ce métal ne s'oxidant pas au contact de l'air, même sous l'influence d'une élévation de température, est toujours dans la meilleure condition, pour retenir l'amalgame dont on le couvre par le frottement de la spatule; avec un autre métal, il serait nécessaire d'en décaper préalablement la surface.

Pour ce qui est de la théorie de l'action du mercure, nous n'avons rien à ajouter à ce que nous en avons dit dans le paragraphe relatif à l'iodage.

Avant de décrire l'opération suivante, nous ferons une remarque qui n'est pas sans importance : quand on prend une vue par un temps froid, et qu'on passe la plaque au mercure au sortir de la chambre noire, la vapeur métallique se condense rapidement en gouttelettes volumineuses, sur toute l'étendue de la plaque; l'épreuve se trouve tachée et perdue : pour prévenir cet accident, qui reconnaît pour cause la basse température de la plaque, il est bon, avant de la soumettre à l'action de la vapeur mercurielle, de l'échauffer artificiellement dans la boîte à mercure ; si l'on n'opère pas en plein air, il suffit de conserver la plaque dans l'appartement pendant le temps nécessaire à son échauffement : toutefois, il ne faut pas oublier que l'application du mercure ne doit jamais être longtemps différée.

§ V. *Lavage à l'hyposulfite de soude.*

Nous avons déjà dit plus haut, que le lavage de la plaque à l'hyposulfite de soude, a pour objet d'enlever la couche d'iode ou plutôt d'iodure d'argent, qui adhère sur le métal, dans les parties que la lumière n'a pas frappées, et sur lesquelles, par suite, le mercure ne s'est pas fixé. Cette couche donne au dessin une teinte jaunâtre, et lui ôte toute sa vigueur.

La solution d'hyposulfite nécessaire au lavage d'une épreuve s'obtient en délayant une pincée de sel environ dans quatre cuillerées d'eau distillée : le mélange s'effectue dans la bassine de l'appareil, et le sel se fond promptement par l'agitation : on y dépose alors la plaque, qui doit être entièrement submergée : en inclinant la bassine dans différents sens, on promène la solution sur tous les points de la surface, et lorsque la teinte jaune, dont il a été fait mention, a complètement disparu, on fait écouler l'hyposulfite, et on s'occupe immédiatement du lavage à l'eau.

Les proportions que nous avons données, sont les meilleures : plus faible, la solution n'aurait qu'une action incomplète; plus chargée de sel, elle altérerait le dessin en le pâlissant.

A défaut d'hyposulfite, on pourrait se

servir de *chlorure de sodium* (sel commun); 15 grammes de sel blanc suffiraient
pour un demi-litre d'eau.

Ajoutons ici que le lavage à l'hyposulfite peut être remis à une époque presque
indéterminée, pourvu que l'épreuve ne
soit pas soumise au grand jour : cette particularité est importante à noter, puisque,
d'une part, elle dispense de se charger des
accessoires nécessaires à ce lavage, quand
on va opérer au dehors, et de l'autre, elle
permet de mettre à profit tous les instants
où la radiation atmosphérique se montre
le plus efficace.

§ VI. *Lavage à l'eau.*

Ce lavage est lié intimement au précé-
dent; il doit lui succéder immédiatement,
car il a un double but; en premier lieu, il
s'agit d'empêcher la cristallisation sur la
plaque du sel, que renferment les gouttelettes de solution ; en second lieu, la rapide
dessiccation de la plaque résulte de son

échauffement par le contact de l'eau bouillante.

C'est pour ce motif que l'on se préparera à ce lavage, avant même de s'occuper de celui à l'hyposulfite : ainsi, on remplira d'eau le *caléfacteur*, on ajoutera l'alcool destiné à la chauffer, et pendant la combustion de ce dernier, on effectuera le lavage avec la solution saline.

Pour laver à l'eau, on saisit de la main gauche la bassine par l'anneau, la douille tournée en bas ; puis on tient le caléfacteur de la main droite, en versant le liquide en nappe à partir de l'angle supérieur de la plaque, et à 3 ou 4 centimètres : puis, on avance et on recule le vase de manière à ce que toutes les parties de l'épreuve soient successivement en contact avec l'eau bouillante.

Ce lavage terminé, on laisse égoutter un instant avant de serrer la plaque.

S'il y restait quelques larges gouttes d'eau, on les disséminerait en soufflant dessus avec force : mais il faut avoir le plus grand soin de ne pas projeter de salive en même temps.

Toute eau n'est pas convenable pour le lavage : les eaux les plus limpides renferment toujours, en dissolution, une proportion plus ou moins considérable de substances salines et terreuses qui se déposent à mesure que le liquide s'évapore : ce dépôt, si on faisait usage de ces eaux, ne manquerait pas de tacher l'épreuve d'une manière indélébile.

Il faut donc se servir d'eau distillée : toutefois, à défaut de celle-ci, l'eau de pluie, et surtout celle qu'on recueille *à la fin* des orages, alors que l'atmosphère a été bien lavée par celle qui est tombée la première, ou bien encore, l'eau qui provient de la fonte de la neige, peuvent être employées avec avantage.

Il est même des sources sorties d'un terrain sablonneux, qui fournissent de l'eau assez pure pour l'objet en question.

Dans tous les cas, on reconnaît qu'une eau est propre au lavage des épreuves Daguerriennes, en en faisant évaporer une goutte sur le coin d'une lame de plaqué bien polie ; si, après l'évaporation, elle ne laisse aucune trace, elle est bonne à employer : il faut la rejeter, dans le cas contraire.

§ VII. *Fixation des épreuves.*

La couche mercurielle, qui forme les dessins obtenus par la méthode de M. Daguerre, offre si peu d'adhérence, que le moindre contact suffit pour l'effacer : quel que soit le soin que l'on prenne, il est même difficile de garantir les épreuves contre les accidents de ce genre, autrement qu'en les protégeant à l'aide d'un verre : aussi, dès l'origine, cet inconvénient, auquel s'ajoute encore celui de ne pouvoir pas prendre le calque des dessins, a-t-il été signalé par M. Arago, qui s'est empressé de faire connaître les heureux essais tentés par M. Dumas, dans le but d'arriver à la découverte d'un vernis capable de protéger efficacement les dessins, sans leur faire rien perdre de leur vigueur (1).

Nous ne pouvions suivre un meilleur guide : aussi, dès nos premières expériences, avons-nous complètement réussi : la solution de *dextrine* forme donc, pour les épreuves *daguerriennes*, un vernis parfait, inaltérable, et facile, en outre, à enlever, sans que le dessin coure le moindre risque.

La marche à suivre est des plus simple : on délaye à froid une petite cuillerée à café de *dextrine* dans une cuillerée d'eau environ : puis, quand le mélange est bien opéré, on y ajoute à peu près un demi-verre d'eau bouillante : la solution s'effectue rapidement, elle est bien transparente : on la verse sur la plaque encore chaude ; avant de l'avoir retirée de la bassine : on incline celle-ci, dans divers sens, pour

(1) *Comptes rendus*, *etc.*, séance du 19 août 1839.

faire passer la solution sur toutes les parties de la plaque ; puis, après avoir fait écouler l'excédant du liquide, on pose la plaque en travers de la bassine, afin d'en faciliter la dessiccation, qui ne se fait guère attendre au delà de quelques minutes.

La plaque, ainsi préparée, peut être impunément soumise au frottement : bien plus, nous avons reconnu, par une exposition directe à un soleil ardent, pendant plusieurs heures (28 avril 1840), que ce vernis n'a presque aucune tendance à se gercer : à peine avons-nous réussi à en enlever, sur les bords des plaques ainsi éprouvées, quelques écailles étroites.

La seule modification que nous ayons cru pouvoir apporter au procédé de M. Dumas, est relative aux proportions : il nous a semblé que le vernis préparé avec cinq parties d'eau contre une de dextrine, était un peu trop visqueux : la plaque, qui l'avait reçu, était collante à la main, après quatre heu-

res d'insolation ; en employant vingt parties d'eau, ces petits inconvénients ont
disparu, et la protection n'est pas moins
efficace.

Veut-on plus tard enlever le vernis,
il faut faire tremper la plaque dans l'eau
tiède : la *dextrine* se gonfle d'abord, puis
elle se dissout, et en faisant tomber de
l'eau bouillante sur la plaque inclinée,
comme dans le lavage ordinaire, qu'on
pratique à la suite de l'emploi de l'hyposulfite de soude, on fait disparaître les dernières traces de *dextrine*.

D'autres procédés pourront, sans doute,
être indiqués par la suite, pour fixer d'une
manière définitive, et sans l'intermédiaire
de vernis, les dessins photographiques ;
déjà, l'Académie a reçu plusieurs commu-
nications à ce sujet : des épreuves lui ont
été soumises par diverses personnes ; elle
a accepté le dépôt de paquets cachetés con-
tenant la description des moyens propres

à atteindre ce but désiré (1) : mais, comme le public n'a point encore été mis dans la confidence de ces essais, et que, de notre côté, nous n'avons pas fait de recherches à ce sujet, nous nous abstiendrons d'en parler avec plus de détails, ne voulant pas, d'ailleurs, sortir des limites de cet opuscule, que nous cherchons à rendre essentiellement pratique (2).

CHAPITRE II.

ÉPREUVES SUR PAPIER.

Ce qui distingue les dessins photogéniques sur plaqué, c'est avec la perfection du trait, l'admirable dégradation des teintes; mais il faut l'avouer, ces avantages précieux, sous le rapport de l'art, sont chèrement achetés, tant par le poids exces-

(1) *Comptes rendus, etc.*, séances des 9, 16, 23 mars 1840.

(2) *Voir* la note à la fin de l'ouvrage.

4

sif et le prix élevé des plaques , que par le volume considérable qu'elles présentent. Pour peu qu'un voyage se prolonge, le nombre des dessins ne tarde pas à monter à plusieurs centaines , et l'on voit de suite combien le transport en doit être difficile.

Il serait, au contraire, si aisé de placer dans un portefeuille un millier de feuilles de papier , que l'on conçoit sans peine les tentatives multipliées qui ont déjà été faites en France et à l'étranger pour arriver à la découverte d'un papier propre à être impressionné par la lumière, à la manière des plaques de M. Daguerre.

Ces tentatives ont déjà produit d'heureux résultats; et, si les épreuves sur papier obtenues par MM. Lassaigne, Bayard, Talbot, etc., n'ont pas toute la valeur artistique des dessins sur plaqué, leur mérite est assez réel pour que la préparation des papiers *sensibles* puisse être regardée comme une acquisition précieuse pour les amateurs de l'art photographique.

Nous allons indiquer la préparation de ces papiers, les moyens d'assurer la conservation des épreuves, ainsi que les applications principales qui en ont déjà été faites.

Choix du papier. — Nous avons déjà vu que, dans le plaqué, la perfection du poli est la condition la plus favorable au succès de l'opération : ici, les aspérités de la surface, inhérentes à la contexture de la matière, sont le plus grand obstacle à la netteté et à la finesse des traits du dessin.

De plus, comme on emploie des liquides qui pénètrent plus ou moins profondément, il importe que l'imbibition s'effectue avec régularité dans tous les sens.

On devra donc prendre de préférence du papier à grains fins, serrés et aussi égaux qu'il se pourra ; moins la feuille sera épaisse, toutes les autres conditions restant les mêmes, plus elle offrira d'avantages ; car, cette imbibition dont nous parlions tout à l'heure s'étendra à une moindre distance en profondeur pendant l'exposition à la chambre noire ; or, c'est par elle que s'accomplit le transport de la matière impressionnable, déjà modifiée par l'action de la lumière, d'où résulte la confusion des traits, leur apparence *estompée*, et l'excès proportionnel d'étendue des clairs sur les ombres.

Nous insistons sur ces particularités, parce que, si l'on croyait réussir avec des papiers *lissés* ou *satinés*, on éprouverait beaucoup de mécompte ; en les humectant, on détruirait en eux les effets de la pression, et le grain se montrerait tel qu'il était avant l'opération du satinage.

On coupe ensuite son papier en carrés d'une longueur et d'une largeur uniformes, et on le conserve pour l'usage.

Préparation du papier sensible. — Imprégner le papier de matières dont la couleur se modifie sous l'influence de la lumière, tel est le problème qu'il s'agit ici de résoudre. Comme plusieurs composés métalliques, et notamment ceux d'argent, changent de nature et, par conséquent, de couleur, quand ils restent exposés à la radiation solaire ou atmosphérique, toute l'opération devra consister dans l'application d'un de ces composés sur le papier.

Le chlorure d'argent étant plus impressionnable que les autres préparations du même métal, c'est lui que nous emploierons de préférence; d'ailleurs, c'est ce chlorure qui a été l'objet des recherches photographiques les plus approfondies; c'est avec lui qu'ont été obtenus les résultats les plus satisfaisants.

La chimie nous apprend qu'en mêlant ensemble du nitrate d'argent dissous dans l'eau avec une solution aqueuse de chlorure de sodium (sel commun) ou de tout autre chlorure soluble, il s'opère à l'instant même une décomposition des deux sels, et il se forme du chlorure d'argent qui se dépose avec l'apparence du lait caillé; ce dépôt cailleboté, d'une blancheur éclatante, noircit par l'action de la lumière.

Comme il serait à peu près impossible d'étendre ce chlorure d'argent d'une manière uniforme à la surface du papier, on imprègne successivement ce dernier des deux dissolutions, de sorte que le composé impressionnable se forme dans le tissu du papier lui-même.

Pour cela, on prépare une dissolution de sel de cuisine blanc, en prenant environ quinze grammes de sel pour un demi-litre d'eau de fontaine ou de rivière ; il suffit de les agiter ensemble pour que le sel fonde en totalité.

On plonge alors son papier feuille par feuille dans une assiette remplie de l'eau salée que nous supposons bien limpide ; dans le cas contraire, on la filtrerait, ou bien on lui donnerait le temps de déposer, puis on la tirerait à clair.

Après quelques minutes d'immersion, on place le papier sur une ardoise, ou mieux sur un verre dépoli, et on le presse doucement avec un tampon de linge fin,

pour que l'eau salée se distribue bien uniformément dans toute la masse.

Alors on étend d'un côté du papier
une solution de nitrate d'argent à l'aide
d'un pinceau de poils de blaireau, et l'on
fait en sorte que la répartition en soit bien
égale partout.

Le papier est ensuite séché au feu ou à
l'étuve, *mais dans tous les cas à l'abri de
la lumière du jour.*

En réitérant cette petite opération trois
ou quatre fois, on obtient un papier très
sensible, et qui peut être employé dans la
chambre noire.

Le procédé que nous venons de décrire
est dû à M. Talbot, et a été communiqué
par M. Biot à l'Académie des sciences (1).

Le suivant, qui en diffère par quelques
détails, a été conseillé par M. Lassaigne.

On fait une solution de nitrate d'argent
dans la proportion de dix grammes de ni-

(1) *Comptes rendus*, *etc.*, séance du 25 fév. 1839.

trate *fondu*, et de dix grammes d'eau distillée. On passe uniformément cette solution sur un des côtés du papier avec un pinceau de poils de blaireau.

On sèche au feu ou à l'étuve, et on répète deux fois l'application de la solution en opérant de la même manière.

On place ensuite le papier dans une solution de sel marin pendant huit à dix minutes.

On fait noircir le papier au soleil, et on le lave par immersion dans l'eau ordinaire, pour enlever l'excès de sel marin qui reste mêlé au papier, puis on fait sécher au soleil ou simplement à l'air (1).

Voici un troisième procédé dû à M. Vérignon, qui en a fait l'objet d'une communication écrite à l'Académie des sciences (2).

On commence par laver son papier avec

(1) *Journal des Connaissances nécessaires*, par A. Chevallier, juillet 1839.
(2) *Comptes rendus, etc.*, séance du 24 fév. 1840.

de l'eau aiguisée d'acide chlorhydrique ; puis après dessiccation on le passe dans une solution composée de la manière suivante :

Eau, 14 parties, chlorhydrate d'ammoniaque et bromure de sodium, 2 parties de chacune ; chlorure de strontium, 1 partie.

Le papier, desséché de nouveau, est plongé dans une solution faible de nitrate d'argent. Il se forme ainsi, par double décomposition, un chlorure et un bromure d'argent, qu'on fait noircir en exposant le papier à la lumière.

L'auteur déclare que la sensibilité de ce papier est très passagère : au bout de quinze jours, il ne peut plus servir, le noir ayant pénétré de l'autre côté. Ainsi, on ne le prépare qu'au fur et à mesure qu'on voudra l'employer.

M. Vérignon assure encore que si l'on ajoutait au mélange salin mentionné plus haut du phtorure de potassium ou de so-

dium, la préparation serait *trop sensible.*
Ce serait là un grand avantage, et nulle-
ment un défaut, puisque la lenteur avec
laquelle le papier photogénique subit
l'impression de la lumière est le véritable
écueil contre lequel sont venus échouer
jusqu'ici tous les expérimentateurs.

Enfin, d'après M. Hunt, le papier préparé avec le chlorure de barium et le nitrate d'argent serait tellement impressïon-
nable, qu'il se colorerait notablement en
quelques minutes sous l'influence de la lumière du gaz de l'éclairage (1).

Dans un autre mémoire, le même auteur met au même rang, sous le rapport de
la sensibilité, le papier obtenu avec le
chlorhydrate d'ammoniaque, et comme
les recherches de ce physicien ont été très
multipliées, nous n'hésitons pas, à défaut
d'expérience personnelle, à recommander

(1) Voir *l'Institut* du 23 avril 1840. Extrait du *Philos. magaz.*, etc.

cette préparation aux amateurs de photographie (1).

Nous ajouterons d'ailleurs une autre remarque, qui n'est pas sans quelque intérêt : avec le papier préparé au chlorure de sodium, les ombres du dessin sont de couleur violette plus ou moins foncée ; tandis qu'elles ont une belle teinte chocolat, dans le papier sensible lavé au chlorhydrate d'ammoniaque : d'autres chlorures solubles donneraient lieu à d'autres nuances.

Précautions à employer dans la préparation du papier sensible.

Tous les vases dont on fait usage, pour les divers lavages, doivent être en verre, en porcelaine ou en plaqué d'argent.

Les opérations s'exécuteront à la lumière d'une bougie, toutes les fois que le papier

______

(1) Voir *l'Institut* du 14 mai 1840, extrait du *Philos. magaz.*, etc.

ne sera pas destiné à être exposé au soleil, aussitôt après sa confection.

On devra éviter, avec le plus grand soin, de laisser tomber sur la peau, la solution de nitrate d'argent; il en résulterait une tache brune, qui ne disparaîtrait que par le renouvellement de l'épiderme.

Le même liquide forme sur les étoffes des taches indélébiles.

Enfin, après l'opération, les vases et les pinceaux devront être lavés à grande eau.

Manière d'employer le papier sensible.

Il y a deux méthodes fort différentes de se servir du papier dont nous avons indiqué la préparation. D'après la première, on fait usage du papier *blanc*, de M. Talbot, pour obtenir la silhouette de divers objets, tels que plumes, feuilles, etc., pour copier des gravures, certains dessins au trait, ou même, pour prendre des vues à la chambre noire : mais ici, comme la coloration du chlorure d'argent est d'autant plus intense que la lumière a plus d'éclat, les ombres et les clairs sont, dans le dessin, disposés en sens inverse de celui qu'ils offraient dans l'original.

Dans le second procédé, que l'on doit à MM. Lassaigne, Fyfe, Bayard, etc., on expose d'avance son papier sensible à la lumière solaire, afin de le colorer le plus possible; puis, au moment de l'employer, on le plonge dans une solution d'iodure de potassium dans l'eau, préparée dans la proportion d'une partie de sel pour dix-neuf de liquide : on absorbe ensuite l'excès d'humidité, en pressant son papier entre deux feuilles de papier à filtre ordinaire, et on l'applique, encore humide, derrière la gravure que l'on veut copier, ou sur la glace dépolie de la chambre noire : sous l'influence de la lumière, le sous-chlorure d'argent est décomposé par l'iodure de potassium; il se forme de l'iodure d'argent d'un jaune clair, et du chlorure de potassium.

D'après cela le chlorure d'argent coloré

persiste, dans les parties correspondant aux ombres, tandis que la décomposition qui a lieu, dans les points éclairés, y détruit la coloration du papier.

Ce procédé, bien qu'un peu plus compliqué, est donc préférable au premier.

D'après les observations de M. Herschell, l'expérience réussit mieux, quand on comprime le papier sous un verre, en sorte qu'au lieu de l'appliquer seulement sur la glace dépolie, ou sur une ardoise, il y aurait peut-être de l'avantage à se servir de l'appareil suivant, lequel est absolument nécessaire, quand on veut copier des objets d'histoire naturelle. Comme il faut que le papier sensible s'y colle parfaitement afin que la lumière ne puisse pas s'y introduire latéralement, et qu'elle soit obligée de passer au travers, on a une glace bien incolore, montée dans un cadre : c'est elle qui reçoit l'objet à copier; par dessus est déposé le papier sensible, le côté préparé étant tourné vers l'objet : on couvre le papier d'un coussinet de soie, et celui-ci d'une planchette portant des vis, qui traversent aussi le cadre de la glace : on a ainsi la facilité d'exercer une pression convenable pour que l'application du papier photogénique sur l'objet soit aussi immédiate que possible.

On tourne ensuite la glace du côté du soleil, et on l'y maintient pendant tout le temps nécessaire à la réaction.

M. Berry a fait connaître une application curieuse du papier sensible. Il prend une lame de corne transparente et mince, et la dépolit à la pierre ponce ; puis la plaçant sur un fond noir, il esquisse au pinceau imprégné d'eau gommée : cette eau restitue à la corne sa transparence première, et, laissant paraître le fond, elle forme les ombres bien tranchées. Les demi-teintes et les grandes lumières s'exécutent avec du blanc.

On étend sur un morceau de glace ou d'ardoise une feuille de papier photogénique *blanc*, sur lequel on met la lame de corne, le côté peint tourné en dessous : la lumière passant à travers les parties gommées de la plaque, colore le papier dans les points correspondants, et n'exerce aucune altération dans ceux que couvrent les traits formés par le blanc.

Il est facile de multiplier à l'infini les épreuves d'un semblable dessin.

M. Berry a également réussi en faisant usage d'un verre dépoli, couvert de vernis noir et dessinant à la pointe (1).

Un artiste fort distingué, M. Monvoisin, s'est occupé du même genre d'application des procédés photographiques; la méthode qu'il a suivie consiste à prendre de la cire dont les graveurs font usage pour préparer leurs planches de cuivre. On l'enveloppe d'une gaze légère, de manière à en faire un tampon; on confectionne un autre tampon avec du coton et un lambeau de soie; on chauffe alors une glace dépolie au *douci* sur une de ses faces, et quand la tempé-

(1) *Comptes rendus*, etc., séance du 30 sept. 1839.

rature en est assez élevée, on frotte sur le côté dépoli la poupée de cire : celle-ci se fond et noircit le verre ; on tamponne avec la poupée de coton jusqu'à ce que la teinte soit uniforme sur toute l'étendue de la glace. Quand la cire est figée, ce qui a lieu très promptement, on la frotte légèrement avec du coton, qui lui donne un luisant nécessaire pour le travail.

Le déssinateur trace ses traits sur cet enduit à l'aide de la pointe.

La glace, une fois dessinée s'emploie comme la plaque de corne ; le papier sensible est mis en regard de l'enduit, et la face polie de la glace est tournée du côté du soleil.

M. Becquerel fils s'est servi, pour copier des gravures, d'un papier qui ne ressemble en rien à ceux que nous avons fait connaître.

M. Pontou avait montré qu'un papier imprégné d'une solution de bichromate de potasse change de couleur par l'influence de la lumière : d'orangé qu'il était, il devient jaune foncé, puis il prend une nuance d'un brun pâle : des gravures avaient été copiées par ce moyen, qui partageait, avec le papier de M. Talbot, le grave inconvénient de donner des ombres *inverses*.

M. Becquerel a modifié le procédé de M. Ponton d'un manière très heureuse ; il se sert de papier à la mécanique, il le colle à l'empois, le fait sécher et le trempe ensuite dans une solution très faible d'iode dans l'alcool, puis il le lave à grande eau. Par suite de la réaction de l'iode sur l'amidon, le papier prend une teinte bleue bien uniforme. Alors, après l'avoir desséché de nouveau, il le plonge dans une dissolution concentrée de bichromate de potasse, et le comprime dans du papier brouillard.

Ce papier doit, comme celui de M. Talbot, être desséché dans l'obscurité : il demande à être employé dans un état de dessiccation complète. La seule différence que nous ayons à signaler, c'est qu'on doit éviter de le chauffer fortement, parce que l'*iodure bleu d'amidon* se décolore à la température de l'eau bouillante.

Quant à l'appareil nécessaire à son emploi, il ne diffère en rien de celui qui a été décrit plus haut.

Fixation des dessins sur papier. — M. Talbot fixe les épreuves en les lavant avec une solution de chlorure de sodium ou d'hyposulfite de soude dans l'eau ; on dissout de cette manière la portion de chlorure d'argent, qui n'a pas subi sa transformation en sous-chlorure coloré. Il est bon de faire suivre le lavage à l'eau salée d'un lavage à l'eau commune, afin d'enlever les dernières portions de chlorure de sodium ou d'hyposulfite de soude.

Les dessins qu'on se procure en décolorant le sous-chlorure d'argent par la solution d'iodure de potassium, se fixent par un simple lavage à l'eau chaude, qui entraine l'excès d'iodure de potassium et le chlorure qui a pris naissance.

Cependant M. Bayard, auquel on doit une étude spéciale de ce procédé, qui lui a fourni des résultats fort remarquables, est d'avis de laver d'abord le dessin à l'hyposulfite de soude, et ensuite à l'eau pure et chaude (1).

Enfin M. Becquerel se borne à laver ses dessins à l'eau, qui se charge de tout le bichromate de potassium que la lumière n'a pas modifié. Une fois le papier desséché, il le plonge à plusieurs reprises dans une solution alcoolique d'iode, afin de donner plus de vivacité aux traits du dessin.

Dans tous les cas, le lavage et la dessiccation des papiers photogéniques doivent s'exécuter à l'abri de la lumière du jour.

(1) *Comptes rendus, etc.*, séance du 24 février 1840.

CHAPITRE III.

OBSERVATIONS GÉNÉRALES.

Nous nous proposons, sous ce titre, de passer en revue les principales circonstances qui influent sur les résultats obtenus à la chambre noire, soit sur plaqué, soit sur papier photogénique. Nous terminerons par quelques considérations sur les vues, les intérieurs et les portraits.

Durée de l'exposition à la chambre noire. — Tout le monde reconnait que la fixation du temps pendant lequel l'épreuve doit rester dans la chambre noire est ce qu'il y a de plus important au succès de l'opération. Malheureusement, les indications fournies par le célèbre inventeur du daguerréotype sont loin d'avoir le degré de précision nécessaire pour nous guider dans la détermination de cette limite qu'il est indispensable d'atteindre, et qu'il ne faut

pas dépasser. Bien plus , M. Daguerre va
jusqu'à déclarer « qu'il est de toute impos-
» sibilité de déterminer le temps néces-
» saire à la production de l'image , puis-
» qu'il dépend entièrement de l'intensité de
» lumière des objets que l'on veut repro-
» duire » (1).

Cette assertion décourageante a dû né-
cessairement nous détourner d'abord de
toute recherche dirigée vers la solution
d'un problème proclamé insoluble par une
aussi puissante autorité.

Toutefois, en réfléchissant à l'action chimique qu'exerce la lumière sur le chlorure
d'argent dans les papiers photogéniques,
nous avons espéré pouvoir trouver dans la
coloration de ce corps un guide, sinon ri-
goureusement exact, du moins assez fidèle
pour prévenir de grandes erreurs.

L'appareil dont nous nous servons au-

____

(1) *Historique et description des procédés du daguerréotype, etc.*, nouvelle édit., 1839, p. 63.

jourd'hui, consiste en un tube de laiton de quarante millimètres de longueur et de vingt-cinq de diamètre; il est noirci intérieurement, ouvert à l'une de ses extrémités, et fermé à l'autre par une espèce de plaque mobile au devant de laquelle on peut glisser une carte; sur cette carte, enduite d'avance de gomme ou de dextrine, on applique, à l'aide d'une spatule, une couche un peu épaisse de *chlorure d'argent* humide que l'on conserve, pour cet usage, dans un flacon de verre noir.

On tourne le tube, ainsi préparé, du côté de l'objet dont on veut prendre l'image, et l'on compte le temps que le chlorure d'argent emploie à passer du blanc au *gris ardoise*. Ce temps est à peu près égal à celui durant lequel la plaque iodée doit être maintenue dans la chambre noire. La différence qui existe entre eux tient à la nécessité où l'on se trouve de déranger plus ou moins souvent le tube pour apprécier les changements de coloration du papier

enduit de chlorure; avec un peu d'exer-
cice, on saisit promptement les indications
de cet appareil qui est d'ailleurs d'un emploi très facile.

Nous rappellerons ici que M. Daguerre
estime la durée de l'exposition dans la
chambre noire, à *trois* ou *quatre minutes*
en juin et juillet, à *cinq* ou *six* en mai et
août, et à *sept* ou *huit* en avril et en septembre (1).

Nous avons reconnu, de notre côté,
qu'aux mois de novembre, de décembre et
de janvier, lorsque le ciel est très sombre,
l'exposition doit être prolongée durant *une
heure* et même *une heure et demie*; tandis
qu'il suffit d'une *demi-heure* quand le temps
est serein.

En octobre, février et mars, *vingt-cinq*
à *quarante minutes* sont nécessaires suivant la pureté du ciel.

Enfin, suivant M. Daguerre, dans les

(1) Ouvrage cité, page 63.

meilleurs temps, il faut *vingt minutes* pour les objets en demi-teinte.

N'oublions pas que ces approximations ne sont applicables qu'au climat de Paris, et qu'elles n'ont aucune valeur pour d'autres contrées. Cette considération fera sans doute ressortir les avantages du procédé d'exploration dont nous avons conseillé l'emploi.

Pour compléter ce que nous avons à dire sur ce sujet, nous consignerons ici les observations que nous avons faites sur quelques circonstances particulières, dont les expérimentateurs pourront apprécier l'importance.

Pression barométrique. — Lorsqu'après s'être maintenu pendant plusieurs jours à une grande hauteur, le baromètre commence à baisser, le moment est très favorable pour prendre des points de vue éloignés ; les épreuves obtenues en pareille circonstance ont plus de netteté et de vigueur.

L'explication de ce phénomène est fort simple : On sait que l'air est dépourvu de transparence quand le temps est au beau fixe ; il offre une teinte bleuâtre qui couvre les objets un peu distants d'une sorte de voile.

Quand, au contraire, le temps doit se mettre à la pluie, l'air est doué d'une transparence parfaite, et le ciel d'un bleu plus foncé ; il est même reconnu que cette transparence est, pour les habitants des montagnes, un des pronostics les plus certains d'une chute prochaine de pluie.

Vent dominant. — Par la même raison, le vent du sud, succédant au vent du nord, du nord-d'est ou de l'est, est, pour nous, une condition favorable à la confection des vues d'objets placés à une grande distance.

Hauteur du sol. J'ai eu souvent l'occasion de constater la supériorité des épreuves prises d'un lieu élevé, sur celles qu'on obtient, en se plaçant au niveau du sol. L'échauffement que celui-ci communique à l'air, et d'où résultent des courants ascendants et descendants, me paraît jouer un rôle important dans cette particularité intéressante.

Lumière directe ou diffuse. Ces mouvements de l'air sont encore plus remarquables en été, lorsque le soleil brille de tout son éclat; alors les objets, vus à travers la couche aérienne qui est en contact immédiat avec le sol, semblent complètement déformés, et leurs contours se déplacent continuellement.

On comprend combien cette circonstance est défavorable aux expériences photographiques. Aussi pouvons-nous affirmer qu'un ciel chargé de nuages blancs est plus avantageux que celui qui est parfaitement clair.

D'ailleurs les ombres sont alors moins tranchées, et la lumière diffuse pénétrant dans les parties les moins éclairées, en reproduit les détails sur le tableau, dont

l'ensemble a quelque chose de plus moel-
leux.

Époques du jour. M. Daguerre a reconnu que les heures du matin et du soir,
également éloignées de midi, et répon-
dant, par conséquent, à des hauteurs sem-
blables du soleil au dessus de l'horizon,
offrent de notables différences sous le rapport de la promptitude avec laquelle se
forment les images photographiques; en
toute saison il faut un peu moins de
temps aux heures du matin qu'à celles qui
leur correspondent dans l'après - midi,
bien que les circonstances atmosphériques
soient identiques en apparence (1). Cette
absorption particulière de la radiation chimique de la lumière du soleil paraît s'exercer aussi sur la radiation calorifique,
comme le prouvent des observations ré-
centes de M. Melloni.

Couleurs. Il n'est personne qui ne sa-

(1) Rapport de M. Arago à la Chambre des Députés,
dans la séance du 3 juillet 1839.

che que dans les vues prises au daguerréotype, les arbres pourvus de leurs feuilles,
ne viennent jamais bien. On aurait pu
croire que cela tenait à leur agitation continuelle par l'air; mais il est bien reconnu
aujourd'hui que c'est dans leur couleur
qu'il faut en chercher la cause. Ainsi M.
Talbot voulant obtenir l'image d'une jacinthe, a vu que les feuilles ne laissaient
qu'une trace à peine sensible, excepté dans
les parties qui réfléchissaient la lumière à
la manière d'un miroir (1).

Nous avons collé sur un carton des carrés de papiers de diverses couleurs, et nous
avons cherché à les reproduire sur la planche iodée : le rouge était un peu apparent;
l'orange, le jaune et le vert n'avaient laissé
aucune impression ; le bleu et le violet
clairs étaient au contraire bien marqués.

Nous pourrions multiplier ces exemples; mais ils suffisent pour établir, en

(1) *Compte-rendu*, etc., séance du 23 mars 1840.

règle générale, que l'on doit éviter, autant que possible, les couleurs jaune et verte : le rouge ou l'orangé offrent moins d'inconvénien : les meilleures nuances sont le blanc, pur ou mêlé de noir, c'est à dire formant les diverses sortes de gris; viennent ensuite le bleu et le violet clairs.

Les associations de couleurs ne sont pas d'une moindre importance à considérer. Ainsi, nous avons réussi assez bien dans ces derniers jours à reproduire des massifs de marronniers en fleurs : le volume et l'éclat de celles-ci ont compensé partiellement les inconvénients du feuillage.

Dans les épreuves sur papier, les parties qui renvoient de la lumière purement blanche sont toujours plus étendues qu'elles ne devraient l'être ; cela tient à cette particularité déjà signalée plus haut, savoir, que pendant l'opération les particules de matière impressionable, déjà modifiées par la lumière, sont transportées dans les points voisins du papier par une véritable imbibition.

C'est ce qui fait, par exemple, qu'une dentelle noire sur un fond blanc se reproduit moins bien qu'une dentelle blanche sur fond noir (1).

Enfin, comme d'après les recherches de M. Draper (2), les écrans transparents de couleur taune préservent les papiers sensibles de toute altération, il sera avantageux de former avec un tissu de cette couleur, ou de couleur verte, la tente destinée à envelopper le pied de la chambre noire, quand on opère en rase campagne.

Vues. D'après ce que nous venons de dire sur le feuillage des arbres, on ne doit pas douter de cette proposition, d'ailleurs généralement admise, que les vues de monuments, prises au daguerréotype, ont,

(1) Communication de M. Biot. *Compte-rendu, etc.*, séance du 23 mars 1840.

(2) *Institut* du 16 avril 1840.

sur celles de paysages, une supériorité in-
contestable.

Lorsque les bâtiments sont neufs, il vaut
mieux les prendre par une lumière diffuse :
un ciel sans nuages est, au contraire, préférable pour les constructions d'ancienne
date.

L'eau vient toujours très bien. A la vé-
rité, les ondes qui en rident la surface ne
se reproduisent pas ; mais l'ensemble a une
transparence inimitable.

Pour ce qui est de la distance à laquelle
il convient de se placer, elle devra être
aussi petite que possible, pour les tableaux qui contiennent des objets placés
sur un même plan, comme serait, par
exemple, un des groupes de l'arc de triom-
phe de l'Étoile ; les détails sont mieux re-
produits.

Veut-on au contraire avoir l'ensemble
du monument, on se servira d'un objec-
tif à long foyer, et l'on se placera assez
loin pour que les lignes verticales conser-

vent leur parallélisme, et que la conver-
gence des lignes horizontales ne soit pas
choquante.

Intérieurs. Les tableaux d'intérieur se
font toujours, sinon en plein air, du moins
dans des localités très éclairées ; nous en
avons vu faire dans un hangard qui admet-
tait la lumière par en haut : les groupes
composant les charmants tableaux de M. le
baron Séguier avaient été disposés sur une
terrasse.

Le meilleur arrangement consiste à établir quelques gradins, derrière lesquels on
tend une draperie blanche ; on entremêle
ensuite des plâtres, statues, bas reliefs,
avec des terres cuites, des cristaux, quelques bronzes, des objets d'art en ivoire,
acier, bois, etc.

Ce mélange sera toujours tel que les
corps les plus clairs seront à côté des moins
éclatants, afin d'avoir des oppositions plus
sensibles.

Il conviendra aussi de disposer son ensemble de telle façon que la lumière arrive de côté; les parties éclairées ressortiront beaucoup mieux, et les dégradations de teintes seront plus marquées.

Portraits. Les espérances que l'on avait conçues d'obtenir des portraits au daguerréotype n'ont pas été réalisées jusqu'ici.

Ce n'est pas cependant que quelques personnes n'aient réussi à force de patience, d'art et de persévérance, à atteindre à des résultats assez satisfaisants.

Mais je ne sache pas que jusqu'à présent on ait produit un portrait avec les yeux ouverts, la physionomie et l'attitude naturelles.

Le plus grand obstacle vient surtout de la teinte de la peau, qui est plus ou moins riche en orangé pâle; et, d'après ce que nous avons dit plus haut, cette nuance est impuissante à réagir sur la substance dont est enduite la plaque iodée.

Cela est si vrai que les meilleurs résultats ont été obtenus avec des figures de femme à peau parfaitement blanche.

D'un autre côté, l'immobilité est une condition indispensable à remplir pour le succès ; en sorte que la tête doit être solidement maintenue par un appui caché, ce qui lui communique une raideur inaccoutumée et désagréable, ou soutenue par des coussins, ce qui est incompatible avec l'attitude habituelle, hors le cas de sommeil.

La nécessité d'une vive lumière force celui qui pose à un clignotement perpétuel, ou entraîne une contraction pénible et disgracieuse des muscles de la face.

Ce dernier inconvénient est facile à éviter. Guidés par les observations de M. Daguerre sur l'action des verres bleus, qui ne retardent pas l'effet photogénique (1), nous avons disposé un châssis sur lequel était tendu un morceau de taffetas violet clair;

(1) *Compte-rendu*, etc., séance du 19 août 1839, Communication de M. Arago sur le Daguerréotype.

et nous nous en sommes servi pour atté-
nuer les effets d'un soleil trop vif.

Malgré cette interposition la teinte de
la peau du visage s'est trouvée aussi claire
que celle des mains, qui avaient été expo-
sées à la lumière directe.

D'après toutes les observations qui nous
ont été communiquées ou que nous avons
recueillies nous-même, nous poserons
en principe que, pour faire un portrait
au daguerréotype, la personne doit être
prise de face ou de trois quarts, pour
éviter l'influence des déplacements produits par les mouvements de la respiration,
déplacements très sensibles quand on est
de profil.

En second lieu, les vêtements seront de
couleur claire et en rapport avec les observations consignées ci-dessus. Pour les
dames, les dentelles et les broderies se reproduisent avec une admirable fidélité.

Enfin, il faut opérer en plein air, au
grand jour, le matin de préférence, en

protégeant, comme nous l'avons dit, le visage contre l'action directe du soleil, et recevant les rayons de côté, pour obtenir des oppositions plus tranchées.

Gravure et tableaux. On peut les copier très fidèlement, soit sur le plaqué, soit sur le papier sensible ; il faut seulement savoir que la lumière diffuse est plus avantageuse que la lumière directe, et qu'on doit les incliner légèrement, de manière à ce que le verre pour les gravures, et le vernis pour les tableaux, ne réfléchissent pas de lumière à la façon d'un miroir.

NOTE ADDITIONNELLE.

Pendant l'impression de cet opuscule, l'Académie des sciences a reçu, dans sa séance du 11 mai, communication de deux procédés de fixation des épreuves sur plaqué sans vernis. Voici en quoi ils consistent :

M. Prechtl, directeur de l'Institut polytechnique de Vienne, conseille de plonger la plaque, après le lavage à l'eau, dans une solution de sulfhydrate d'ammoniaque dans quatre fois son volume d'eau : la plaque doit être immergée d'environ un centimètre. Après deux ou trois minutes de contact, les parties du métal que ne couvre pas le mercure ont pris une teinte d'un gris légèrement mêlé de brun, tandis que les portions amalgamées ne sont pas attaquées ; on lave alors par immersion dans l'eau ordinaire, et on laisse sécher. Le frottement du doigt n'efface pas les plaques ainsi préparées.

M. Choiselat, auteur de l'autre procédé, se sert de chlorure, et mieux d'iodure d'argent dissous dans une solution d'hyposulfite de soude ; il y plonge sa plaque, et par une influence qui n'est pas encore suffisamment étudiée, l'image se trouve fixée d'une manière indélébile. On peut aussi, au lieu d'hyposulfite, dissoudre la préparation d'argent dans un mélange d'iodure et de bromure de potassium fondus dans l'eau.

L'iodure d'argent le plus convenable à cette opération s'obtient en lavant une plaque d'ar-

gent avec de l'alcool ioduré et mêlé d'eau, qui
en précipite l'iode, et dissolvant au moyen de
l'hyposulfite de soude l'iodure qui s'est formé
et reste adhérent à la plaque.

TABLE

DES MATIÈRES.

—

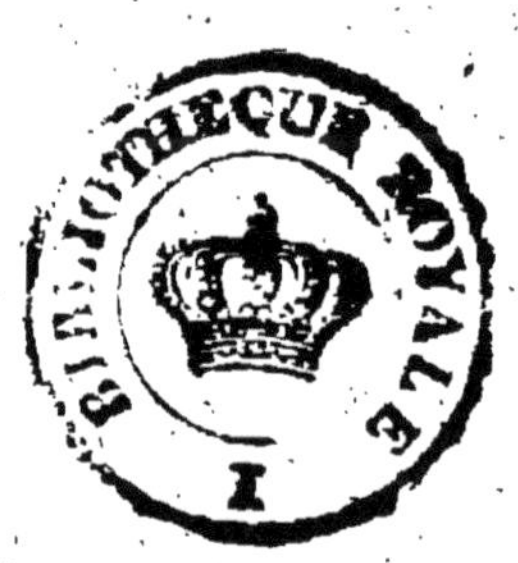